LE
SYSTÈME CONTINENTAL

ET

LES ANGLAIS;

PAR

S. MILLENET,

MEMBRE CORRESPONDANT DE LA SOCIÉTÉ DE STATISTIQUE DE MARSEILLE
ET AUTEUR DE QUELQUES OUVRAGES SUR L'INDUSTRIE ET LES FINANCES
DU ROYAUME DE NAPLES.

> « Rien ne peut forcer les peuples à
> « abandonner à un seul d'entre eux des
> « droits que la Providence a entendu
> « répartir également entre tous. »

PARIS,
TYPOGRAPHIE DE FIRMIN DIDOT FRÈRES,
RUE JACOB, N° 56.

1837.

contredisant les uns les autres, et quelquefois se contredisant eux-mêmes, loin de répandre une vive lumière sur une question aussi importante, ils tombèrent dans un dédale d'incertitudes et d'aberrations. C'est ainsi que ces écrivains s'éloignèrent du vrai but que doit se proposer l'économie politique, et qu'en retardant le développement de l'industrie, ils n'opposèrent que des entraves au bien-être des peuples. Plus d'un doute malheureux pénètre dans l'âme du législateur qui, tenu en suspens par des opinions séduisantes, mais toujours sophistiques et spécieuses, n'osait suivre les inspirations que lui dictaient le bon sens et la nécessité.

A l'exemple d'Henri IV et de l'abbé de Saint-Pierre, on rêva, sans s'en douter, sous une nouvelle forme, l'existence d'une monarchie universelle. L'homme extraordinaire dont les actions et les hauts faits, encore retentissants, effacent le passé et résument le présent et l'avenir; cet homme, qui grandit à mesure que nous nous éloignons de lui, fut celui qui s'approcha le plus de la réalisation de ce projet chimérique. Mais tant de merveilles et tant de gloire devaient échouer contre les barrières dont la nature défend les nations, de même que l'ambition démesurée qui les avait fait naître devait succomber sous le poids d'une si prodigieuse conception.

La plupart des grands hommes, toutes les âmes généreuses enfin, ont souri à l'idée de placer les peuples sous un seul et même lien ; mais les uns avaient consulté leur ambition, et les autres leur philanthropie, plutôt que la possibilité de réaliser les rêves de leur cœur et de leur imagination. En admettant, pour un moment, que toutes les nations fussent soumises à un même sceptre, ou qu'une grande confédération relevât d'un principe unique, parviendrait-on jamais à étouffer la voix puissante de l'égoïsme nationalisé chez des peuples que diviseraient bientôt les lignes de démarcation tracées par la nature, et chez lesquels le climat, le caractère et les ressources respectives détruiraient toute idée de communauté d'intérêts ?

Sans vouloir parler des limites qui nous séparent de l'autre hémisphère, comment pouvoir rendre communs les intérêts d'un Suédois avec ceux d'un Tunisien, ceux d'un Espagnol avec ceux d'un Persan ?

L'unité politique locale s'établit chez la plupart des nations de l'Europe par l'abolition des priviléges à l'avantage du prince, et des intérêts généraux placés sous la gestion d'une seule volonté, et de l'empire des lois qui en émanent et auxquelles cette volonté est elle-même soumise à son tour. C'est ainsi que l'unité commerciale et industrielle s'établit aussi localement, dégagée de toutes les entraves qui provenaient de mesures peut-être utiles et nécessaires dans un temps, mais qui, ayant vieilli, n'offraient plus que des obstacles consacrés par l'habitude et repoussés par l'intérêt et la raison.

C'est ce qui constitue la libre concurrence, celle qui se forme dans le sein même de chaque nation, concurrence individuelle et non collective de tous les peuples : la première n'ayant rien de commun avec l'autre, avec cette théorie abstraite, la plus fantastique que jamais l'homme ait pu imaginer.

Cependant des auteurs de renom, des écrivains connus par leur génie, semblent s'être efforcés, et s'efforcent encore de confondre l'une avec l'autre; ils persistent ainsi à prendre l'impossible pour le possible, ou le tout qui ne peut se réaliser, pour la partie qui se réalise de jour en jour.

Que deviendraient les intérêts d'un pays, s'ils devaient avoir pour régulateurs tous ces soi-disant économistes de cabinet? Ceux-ci ne manquent pas de recourir à de grands noms, de nous accabler de citations, et d'invoquer toutes les célébrités de la science économique : ils invoquent entre autres celle d'Adam Smith; mais ils ne réfléchissent pas que si cet économiste avait dû écrire expressément pour toute autre contrée que pour l'Angleterre, ses pensées eussent été diamétralement opposées à celles qu'il a publiées sur son pays.

Ces écrivains ne voient pas que si Adam Smith fut chaud partisan de la libre concurrence, c'est qu'il avait deviné et senti dès longtemps la nature des exigences de l'Angleterre. En préconisant un système favorable aux intérêts de celle-ci, il savait bien que s'il venait à être adopté et suivi généralement, ce ne pouvait être qu'aux dépens des compétiteurs de sa patrie, puisque tout progrès, toute amélioration, ne peut s'obtenir en Angleterre qu'au détriment des peuples du continent. Or, sous ce point de vue, Adam Smith fut un économiste éminemment anglais, comme Melchiorre Gioja, en modifiant ce système d'une manière favorable aux intérêts de la Péninsule, fut un économiste éminemment italien. Quant à l'économiste cosmopolite, quant à celui qui, après avoir posé des principes généraux, saurait faire la part de chaque pays, cet économiste-là, malheureusement, n'a pas encore paru.

En économie politique il n'est donc point de principes absolus; chaque peuple parle et agit en faveur de ses intérêts particuliers, chacun exploite et tire parti des ressources qui lui sont propres, et cela sans consulter si les moyens dont il fait usage, si les mesures qu'il adopte pour atteindre ce but, sont favorables ou non aux nations avec lesquelles il ne peut et ne doit avoir d'autres rapports que ceux qui ont pour base sa convenance personnelle. Nous avons vu l'Angleterre envahir le commerce du monde entier, et certes, jamais elle ne s'est enquise et ne s'est souciée de savoir si la suprématie qu'elle acquérait portait atteinte aux intérêts et à la prospérité de ses voisins. Elle n'avait qu'un seul point de mire, celui de son bien-être ; mais poussant l'égoïsme à l'excès, elle s'est vue souvent dans le cas de lui sacrifier jusqu'à l'honneur national.

Cette suprématie de l'Angleterre n'eût point eu de bornes, si un grand événement, par ses conséquences, ne fût venu arracher les peuples du continent à leur profonde inertie.

DU SYSTÈME CONTINENTAL.

Si Napoléon ne put ranger le monde entier sous son sceptre, il lui légua en mourant le système continental, système auquel se sont ralliés tous les peuples contre l'ennemi commun de leurs intérêts positifs.

La France fut la première à recueillir les bienfaits de ce système, parce que ce fut elle qui l'observa d'abord le plus strictement; les autres nations le repoussaient comme attentatoire à leur indépendance. Cependant que de clameurs ne s'éleva-t-il pas, même en France, pour le faire adopter; que d'obstacles ne fallut-il pas renverser! Il ne fallut rien moins que la puissance formidable de celui qui en conçut l'idée pour y soumettre des hommes qui chérissaient trop leurs anciennes habitudes au détriment de leurs propres intérêts. Sans les décrets de Berlin et de Milan, sans ce moteur irrésistible de l'industrie continentale du XIXe siècle, la France n'eût jamais atteint, sous ce rapport, le point de hauteur et de prospérité où elle est maintenant parvenue. On ne l'eût point vue, comme aujourd'hui, en état non-seulement de pourvoir à tous ses besoins, mais encore de fournir un large excédant à la consommation étrangère. Or, tout ce que la France demande de moins à l'Angleterre, avec laquelle elle est même entrée en concurrence dans l'approvisionnement des autres peuples, est autant de conquis sur cette dernière. L'Angleterre ne doit-elle pas produire naturellement en moins tout ce que la France produit en plus? Et cela grâce à l'élan prodigieux qui fut imprimé à celle-ci par la privation forcée des objets dont elle avait un besoin précis, objets qu'elle était en état de produire elle-même, mais que, par une indolence inconcevable, elle avait abandonnés depuis long-temps à l'Angleterre, dont elle devait devenir un jour la rivale.

La barrière insurmontable qui s'opposait à l'irruption sur le continent des produits manufacturés anglais; le stimulant d'une consommation qui devenait chaque jour plus importante et pressante; les primes, les immunités et les priviléges qu'accordait chaque gouvernement aux fabricants placés sous sa tutelle, imprimèrent partout un tel mouvement à la marche de l'industrie, qu'en peu de temps ses résultats tinrent du merveilleux. A Rouen, Wesserling, Mulhouse, Tarare, Jouy, St.-Quentin; dans les Flandres et dans plusieurs cantons de la Suisse, on vit bientôt s'élever, comme par enchantement, de nombreux et magnifiques établissements, tous consacrés à la filature et au tissage du coton. La fabrication des draps et de tous les genres de laineries, de Louviers, d'Elbœuf, de Sedan, du Languedoc, de la Belgique, de la Saxe et de la Moravie, prit un grand essor. Les fabriques de soieries de Lyon, de Zurich, d'Elberfeld, de Milan, de Vienne, de Berlin, de Stockholm et de Moscou, eurent un développement inconnu jusqu'alors. Tous les ouvrages en fer, en acier et en bronze, ainsi que tous ceux de quincaillerie, atteignirent un haut degré de perfection; c'est au point qu'ils peuvent rivaliser avec les produits anglais du même genre, si tant est qu'ils ne les aient dépassés (1) Enfin les mines de fer et de houille furent exploitées avec assez de succès pour que le gouvernement français se soit vu plus tard dans la possibilité de réduire les droits qui avaient pendant longtemps protégé la fabrication du premier de ces produits.

Par suite de l'interruption des communications maritimes, qui rendrait aussi dangereux que coûteux le transport des huiles de Naples, de l'Afri-

---

(1) Je lisais dernièrement dans les journaux français, qu'un M. de Beaumont, riche propriétaire de houillères en Angleterre, avait commis des meubles à Paris pour la somme d'un million. La valeur des bronzes seulement s'élevait à plus de 200,000 francs.

que et du Levant aux lieux de consommation, on vit surgir une foule de substituts dont la nécessité n'avait pas encore fait soupçonner l'existence. Ces substituts consistent dans un grand nombre de plantes oléagineuses dont la culture forme aujourd'hui une des richesses principales du nord de la France, de la Belgique, des bords du Rhin et de plusieurs autres contrées de l'Allemagne et de l'Angleterre. Le même motif donna lieu chez les peuples septentrionaux à l'extraction de spiritueux de la pomme de terre, du froment et d'autres céréales. Je citerai aussi la substitution de la soude factice à la soude naturelle, dont Marseille recevait autrefois de la Sicile plus de cent cargaisons par an. Cet alcali, dans sa composition, nécessite l'emploi du soufre, d'où résulte l'acide sulfurique qui fournit à son tour l'élément propre à la fabrication du chlorure de chaux. Si d'un côté la Sicile a perdu son commerce de soude, de l'autre l'exploitation de ses mines de soufre s'est accrue de tout ce que Marseille lui demande en plus de ce minéral indispensable, comme nous l'avons vu, dans la formation de la soude factice, produit dont Marseille fait une consommation énorme dans ses nombreux établissements de savonneries. D'autre part le royaume de Naples, où l'huile abonde, est en état, à l'aide de sa soude naturelle, de fabriquer lui-même du savon à meilleur compte que les Marseillais, puisque ceux-ci reçoivent les huiles de Naples, du Levant et de Tunis, chargées de frais, tandis que le Napolitain peut mettre en œuvre ses propres produits.

L'Europe continentale, privée, pour ainsi dire, des cotons de l'autre hémisphère, parce qu'ils ne pouvaient y être introduits que de temps à autre, et par le moyen de coûteuses franchises, les fertiles campagnes du royaume de Naples et du Levant ne tardèrent pas à se couvrir de cette plante herbacée, dont le produit rivalisait en beauté avec les cotons d'Amérique les plus estimés.

Ce sont là quelques-uns des prodiges opérés par le système continental qui, s'il eût duré jusqu'à nos jours dans toute sa force, en mettant l'art aux prises avec la nature et en révélant aux peuples du continent l'étendue de toutes leurs facultés industrielles, les eût portés à un degré d'élévation auquel on ne saurait assigner de limites. Mais, comme un vaisseau qui marche encore après en avoir cargué les voiles, nous en ressentons toujours l'heureuse impulsion.

C'est ainsi que nous voyons de grands événements politiques changer la face du monde et les rapports commerciaux des peuples, faire naître des ressources qui étaient inconnues avant que la nécessité, en les tirant de l'abîme de la pensée, les eût mis en évidence aux yeux du vulgaire, que maîtrisent toujours l'habitude, l'indolence et l'incrédulité.

Mais ce qu'il y a de plus extraordinaire et de plus merveilleux, non-seulement sous le rapport des intérêts matériels, mais encore sous celui de l'humanité, c'est le grand problème moral que le sucre de betterave va résoudre.

Pendant que l'Angleterre faisait d'immenses sacrifices pour l'abolition de l'esclavage dans ses colonies, sacrifices qui font honneur à sa philanthropie, elle ne se doutait pas que la betterave, qu'elle avait tournée elle-même en dérision, dût accomplir un jour le vœu le plus ardent des publicistes et de tous les amis de l'humanité. Cette pensée était passée inaperçue à J. B. Say, lorsque dans son cours d'économie politique, au chapitre concernant la culture du sucre et l'esclavage des nègres, il conclut par ces mots, qui ne résolvent rien : « Il n'est pas nécessaire qu'un pays cultive du sucre pour devenir riche et heureux. » Ou M. Say n'avait pas saisi le fait, ou il lui en coûtait de convenir d'un résultat qui donnait un démenti formel aux assertions dogmatiques dont son livre est parsemé. Il suffit au reste de lire ce passage : « On dresse d'immenses tableaux des exportations et des importations d'un pays, je les suppose rigoureusement exacts; que prouvent-ils? Que le pays s'enrichit? Nullement. »

Cette sentence qui, tout au plus, pourrait être appliquée à quelques pays dont le commerce n'est que de simple passage et accidentel, est absolument fausse pour les autres.

Lorsqu'un auteur tranche les questions d'une manière aussi positive, sans les appuyer de preuves irrécusables, il doit naturellement inspirer de la défiance, surtout dans une matière où, moins que dans toute autre, il est permis de commettre une erreur.

Une fois une base fausse posée en économie politique, qui peut prévoir les conséquences qui devront nécessairement en résulter?

Revenons au fait; il me semble que J. B. Say, en parlant du sucre et de l'esclavage des nègres, aurait dû s'exprimer ainsi : Nous voulons tous la liberté des noirs; eh bien, la betterave opérera ce prodige!

Quant à moi, j'ajouterai que, si la découverte du sucre de betterave nous vient du système continental, force nous est de conclure, par le fait, que c'est à Napoléon que les nègres seront redevables un jour de leur émancipation.

La chute du colosse, en délivrant les trônes soumis à sa puissance, renversa les obstacles qui s'opposaient à la libre communication des mers. Une telle révolution semblait devoir assurer pour toujours à l'Angleterre l'empire de l'industrie et du commerce..... Vaine illusion !

Il est vrai que le gouvernement qui succéda en France à celui de Napoléon, toujours prêt à fouler aux pieds les intérêts nationaux, à les subordonner à ses caprices et à ses affections personnelles, eût volontiers sacrifié ce que le pays avait de plus cher aux prétentions de l'Angleterre, témoin ce que celle-ci exigea, et ce que, dans un élan de sensibilité et de reconnaissance plus que débonnaire, le lieutenant général du royaume lui accorda.

Cependant la majorité d'une des chambres, essentiellement servile, lorsqu'il s'agissait d'opinions et de mesures politiques, se changeait quelquefois en minorité, lorsqu'il était question d'intérêts purement matériels. La chambre haute, surtout, fut le *palladium* des franchises et de la prospérité de la France. Ce fut contre sa majorité compacte que vinrent se briser les actes liberticides émanés du pouvoir, actes qu'avaient sanctionnés des députés vendus à l'absolutisme et infidèles à leur mandat. Verité promptement oubliée, tant il est certain qu'un succès inespéré fascine souvent les yeux de ceux qui en recueillent le fruit : il leur fournit les moyens et leur inspire la triste volonté d'être ingrats impunément !

La Russie, qui brûla Moscou pour se soustraire

au blocus continental qui lui était imposé avec violence et sans restriction, n'a pas été la dernière, depuis la chute de Napoléon, à reconnaître et à apprécier les avantages de l'adoption de ce même système; mais cependant ce fut avec des modifications graduelles, et en harmonie avec sa position industrielle. Les heureux résultats obtenus en Russie sont un stimulant pour qu'elle persévère dans sa marche en économie politique. Nous voyons l'empereur Nicolas aider par tous les moyens au développement de l'industrie dans ses vastes États : il prodigue à cet effet des encouragements, des immunités, des distinctions, enfin tous les genres de faveurs capables d'ennoblir la carrière de l'homme laborieux. C'est ainsi que nous vîmes dernièrement cet illustre monarque présider à un banquet où il était environné de l'élite des fabricants de son empire.

L'Autriche, par sa position plus centrale, occupant déjà depuis longtemps un poste éminent parmi les nations industrielles, a donné encore plus d'extension au système restrictif et protecteur qu'elle a cru devoir adopter; elle s'est même placée, pour de certains objets, dans le cercle de la plus stricte prohibition. Le gouvernement autrichien a de plus encouragé la propagation des mérinos en Hongrie, qui fournit maintenant des laines aussi estimées que celles de Saxe. Cette riche industrie avait été introduite aussi depuis longtemps en Russie. Il y a environ vingt-huit ans qu'il partit de Genève pour Odessa, gouverné alors par le duc de Richelieu, un troupeau de ces moutons, qui a dès lors grandement prospéré dans toutes ses ramifications (1).

Se trouvant en possession d'une matière première excellente, abondante et peu coûteuse, l'Autriche non-seulement exporte des laines de qualité fine, mais encore elle a pu étendre et généraliser la fabrication des draps dans plusieurs de ses provinces, où cette industrie a atteint un haut degré de perfection. Nous en pouvons dire autant de la fabrication des étoffes de soie. Un grand nombre d'articles confectionnés à Vienne et à Milan rivalisent en beauté avec ceux de Lyon, de Zurich et d'Elberfeld.

La Prusse a encore été plus loin; non contente de la marche progressive de l'industrie dans ses propres limites, elle a cru devoir s'associer, par une ligue de douanes, tous les petits États

---

(1) M. Jean Wallner de Genève a introduit à lui seul plus de 60 mille mérinos-types dans les États d'Autriche et en Russie. Le royaume de Naples lui est aussi redevable de l'introduction de quelques troupeaux de ces moutons; branche d'industrie qui y a fait des progrès remarquables.

germaniques au détriment de celles des nations qu'elle n'a pas voulu y admettre. En effet, les forces n'étaient pas égales; elle n'aurait eu qu'à perdre à leur accession à cette union qui nous offre en petit une pâle imitation du système continental.

La Suède et le Danemark ont aussi, de leur côté, secoué en grande partie le joug de la dépendance industrielle de l'Angleterre.

L'Espagne et le Portugal, notamment ce dernier pays, par la publication de son tarif, se montrent également hostiles aux Anglais; est-ce en dépit d'une assistance politique intéressée, par cela même que les Anglais ne se proposent d'autre but que celui d'obtenir en retour, dans ces États, un débouché plus libre de leurs produits manufacturés?

La Suisse, par la simplicité de ses mœurs, ses institutions, sa religion, par sa situation physique, par l'âpreté de son climat et l'aridité de son sol, aussi ingrat qu'il est pittoresque, peut être considérée, sous le rapport de l'industrie agricole et manufacturière, comme l'Angleterre du continent ; elle est à ce dernier ce que l'Angleterre est au monde entier.

On voit, comme celle-ci, la Suisse reverser dans le nouveau monde son trop plein de population, qu'elle ne peut nourrir. Beaucoup de ses habitants se répandent aussi en Europe, où, comme négociants, ils se distinguent généralement par leur intégrité et leur sagacité. Il en est qui ennoblissent des vocations subalternes par leur excellente droiture et leur fidélité; et d'autres enfin, qui, par un usage malheureux et traditionnel, trafiquent encore dans le XIXe siècle de leur sang au service de l'étranger. La chose s'est modifiée, dit-on; mais ce n'est pas le vendeur qui manque, c'est l'acheteur (1).

---

(1) Le Midi n'émigre pas : tous les points d'attraction sont chez lui. Les pays méridionaux accueillent dans leur sein ceux des hommes dont le nombre excède dans les autres contrées de l'Europe. Depuis qu'ils ont éprouvé et apprécié l'heureux effet du travail sur la prospérité publique, ces pays voient accroître aussi le chiffre de leurs propres habitants.

Il suffit de dire que la population du royaume des Deux-Siciles s'est augmentée de près d'un million depuis vingt-cinq ans.

Il s'établit donc un nivellement de population, ou, pour mieux dire, pendant que plus d'un pays reste stationnaire, la marche des peuples du Midi est ascensionnelle. La civilisation de ceux-ci passa jadis dans le Nord, comme la barbarie des peuples du Nord parut avoir passé dans le Midi; du moins il s'opéra dès lors une espèce d'échange de position morale. L'Italie eut, il est vrai, de beaux moments dans le moyen âge; mais que sont devenus les Génois, les

La Suisse en somme est une nation exceptionnelle, qui ne peut servir de type qu'à elle-même. Ayant un gouvernement éclairé et bon marché, parce qu'elle ne pourrait l'avoir autrement, elle peut et doit appeler, comme l'Angleterre, les autres États à des transactions commerciales où l'avantage serait tout à fait de son côté. Cependant, par cela même, et comme partie intégrante du continent, la Suisse est peut-être le pays qui, par sa pose industrielle, donne le plus de tablature et d'inquiétudes à l'Angleterre, notamment pour ses étoffes de coton en blanc et imprimées.

Malgré l'influence étrangère qui pèse sur la

Vénitiens, les Pisans, et les Florentins comparés aujourd'hui à ce qu'ils étaient autrefois, c'est-à-dire avant l'entreprise audacieuse *de Vasco de Gama?*

Par la revendication actuelle de leurs droits industriels, les progrès des peuples du Midi seront tels, que l'équilibre se trouvant rompu, peut-être verra-t-on plus tard, comme au temps des Romains, le Nord fondre de nouveau sur le Midi le glaive à la main; mais les barbares civilisés y trouveront plus de résistance en ce que la force du corps est aujourd'hui subordonnée à la force morale, qui est l'attribut le plus puissant de la civilisation moderne.

D'après le *Morning Chronicle*, les émigrations de l'Angleterre pour l'Amérique seulement, s'élevèrent, de 1829 à 1836, à 552,361.

Turquie, qui ne s'est soutenue que par les lois de l'équilibre de la politique européenne, et par le système des contre-forces, le gouvernement turc ne borne pas ses réformes aux habitudes civiles et à la tactique militaire du pays. Le génie de Mahmoud, dans ses innovations, a compris depuis longtemps qu'il ne peut y avoir de prospérité réelle et durable que celle qui résulte du travail ; aussi cet immortel sultan s'occupe-t-il de fonder une industrie dans ses États, industrie qui prendra un grand essor du moment que le tarif turc cessera d'être formulé à Londres et à Saint-Pétersbourg.

Je n'entends qu'un cri contre les tarifs ; l'anathème est prononcé contre tout pays qui, voulant se créer une industrie, recourt à des mesures protectrices, parce qu'il a reconnu que sans leur appui les efforts de l'homme entreprenant et laborieux resteront toujours sans effet. Celui-ci ne donnera même pas suite à ses projets, quelque bien conçus qu'ils puissent être ; car comment pouvoir créer soudainement une branche d'industrie capable de résister à une concurrence adulte étrangère qui est là toujours prête à l'écraser ?

Si l'élévation des droits, dans le but de protéger l'industrie, trahissait le principe et les vues du législateur, comment se ferait-il que, malgré les clameurs des économistes, si je puis me servir encore de ce nom, nous eussions vu en dernier lieu les États-Unis d'Amérique, ce jeune pays, exempt de la rouille qui ronge encore la vieille Europe, commettre la grave erreur d'élever aussi leur tarif? Seulement par une opposition qui faillit avoir des suites sérieuses, la Caroline du Sud obtint que le tarif fût modifié. Essentiellement agricole, elle ne pouvait pas, disait-elle, prendre part à une mesure qui devait être toute à l'avantage des États manufacturiers de l'Union.

La Caroline ne comprit pas que le développement de l'industrie aux États-Unis ouvrirait un nouveau débouché à ses productions territoriales, qui militent, aujourd'hui en Europe, avec celles des Indes orientales, de l'Égypte et de l'Europe même; elle ne vit pas que ses cotons se convertiraient en étoffes nationales, étoffes qui remplaceraient celles importées de l'Europe, fabriquées avec des matières premières étrangères au sol des États-Unis. Il en serait de la Caroline comme du royaume de Naples, où, sous l'heureuse influence de la consommation de l'intérieur, les cotons se maintiennent à un prix qui n'offre plus de convenance à l'exportation, avec la différence que la Caroline, vu l'importance de ses produits, pourrait alimenter ses propres fabriques, et fournir en même temps un excédant à la consommation étrangère.

Si l'élévation des droits, je le répète, trahissait le principe et les vues du législateur, comment se ferait-il que la chambre des représentants de la Belgique eût voté dernièrement, à l'unanimité, une élévation de droits sur tous les tissus de coton importés dans le pays? Comment se ferait-il encore que le gouvernement Toscan eût réduit le tarif concernant certains produits étrangers que ne peuvent fournir le sol et les fabriques du pays, pour surtaxer ceux qui y forment un objet d'industrie?

Enfin, le gouvernement pontifical a rendu le décret dont voici à peu près la teneur : « La posi-
« tion fâcheuse des fabriques de draps dans l'État
« romain, et le désir de ranimer cette branche
« d'industrie, ont déterminé S. S. à élever les
« droits d'importation sur les tissus de laine étran-
« gers, et à accorder des primes aux draps des
« fabriques de Rome et de l'État. »

« Par une notification en date du 12 août 1835,
« les droits d'importations sont portés, pour les
« grosses étoffes dites *borgonzoni* ou *peloni*, pour
« les droguets et les *carfaqui*, au triple des droits
« établis par le tarif en vigueur. Pour les tissus de
« laine, au double des droits actuels.

« Les primes accordées aux draps des fabriques
« de Rome et de l'État, sont fixées à 20, 30, 40,
« 50, 60, 80 bajoques et l'écu par *canne*, selon

« la quantité fabriquée par an, le mode de fabri-
« cation, la qualité et l'aunage des produits. La
« condition essentielle de l'allocation est l'emploi
« des filés indigènes. L'emploi des filés étrangers
« dans des draps présentés pour en jouir, en-
« traîne l'exclusion à tout jamais, du bénéfice de
« l'allocation. Une exposition annuelle aura lieu
« tous les ans, dans le mois d'août, au Capitole.
« Une médaille d'or sera décernée au fabricant
« qui aura présenté les trois pièces de draps re-
« connues les meilleures pour la qualité, le tissu
« et la couleur. »

Pour terminer cette esquisse de la condition économique et de l'industrie des principaux pays de l'Europe, je dirai que, lorsqu'en 1832 je publiai une brochure intitulée : *Coup d'œil sur l'Industrie agricole et manufacturière du royaume de Naples*, plus d'une personne crut que le tableau que je présentais était exagéré, ou du moins tracé par une plume pleine de prévention. Cependant l'impulsion a été telle depuis, que j'aurais aujourd'hui beaucoup à ajouter à ce que j'écrivis sur cette intéressante matière. L'esprit d'association qui germait dans le crédit public n'avait pas alors porté ses fruits; les entreprises dirigées par des hommes isolés, réduits à leurs ressources personnelles, ne pouvaient offrir encore que des résultats relatifs, mais qui pourtant n'en étaient pas moins un gage heureux de ceux que Naples devait obtenir plus tard. Ce pays devait expérimenter l'effet des forces concentrées de la réunion des capitaux qui, d'abord épars, se dissipaient sans rien produire, semblables à ces faibles ruisseaux que la terre absorbe avant qu'ils se soient réunis en fleuves majestueux et fertilisants (1). En attendant, que de titres ne se sont pas acquis à la reconnaissance publique, ceux des industriels napolitains qui, livrés à leurs propres moyens, surent tirer parti de l'encouragement efficace qu'ils trouvèrent dans le nouveau tarif publié en 1823!

Les noms des *Egg*, des *Finizio*, des *Sava*, des *Zino*, des *Vonwiller*, des *Polsinelli*, des *Manna*, des *Lefebvre*, des *Bartolomucci*, et de tant d'autres qu'il serait trop long d'énumérer ici, resteront longtemps gravés en caractères indélébiles dans les annales de la civilisation industrielle d'un pays que des hommes systématiques croyaient et croient

---

(1) On vit bientôt surgir à Naples un grand nombre d'associations industrielles et mercantiles, à le tête desquelles figurent des personnages influents et honorables par leur position et leurs talents. On remarque entre autres S. E. le marquis del Caretto, comme président de la compagnie *Sebezia*. Ce ministre qui est connu par son caractère ferme et juste, est en même temps un protecteur aussi zélé qu'éclairé de l'industrie du pays.

encore ne pas être susceptible de devenir manufacturier.

D'après eux, le royaume de Naples n'eût jamais dû s'émanciper ; satisfait du partage qui semble lui avoir été assigné par la nature il eût dû être constamment confiné dans le cercle étroit de l'agriculture. Mais pour être conséquent avec une pareille doctrine, l'Angleterre n'eût donc jamais dû s'occuper que d'industrie et de commerce ; jamais elle n'eût dû améliorer la culture de ses champs ; et, pourtant qu'on me cite un pays en Europe où l'agriculture ait été portée, comme en Angleterre, à un plus haut degré de perfection ? Je comprends que la pauvreté du sol est, dans ce dernier pays, pour l'agriculture, ce que sa richesse est à Naples pour l'industrie manufacturière ; mais il n'en est pas moins vrai qu'en se prêtant des secours mutuels, l'industrie, le commerce et l'agriculture ont, en Angleterre, presque toujours marché de front.

Les peuples purement agricoles ne peuvent avoir que des notions bornées ; favorisés le plus souvent par une nature trop généreuse, leurs travaux manquent du degré d'énergie si nécessaire pour fortifier leur fibre amollie par tout ce que le climat a de voluptueux. De là, naissent une indolence, une apathie et un abandon qui tarissent en eux les sources de la vigueur productive du travail et de l'activité. A l'appui de ce que j'avance ici, comparons le mouvement heureux et l'esprit d'ordre qui règnent dans les villes de Piédimonte, de San-Germano, de Sora et d'Alpino ; celui qui commence à naître à Scafati et dans les environs de Salerne, avec l'état des autres communes entièrement agricoles du royaume de Naples, et nous ne tarderons pas à nous convaincre de l'effet merveilleux résultant d'un travail assidu et soutenu, travail qui dénote en même temps une variété de connaissances qui ne sera jamais le partage de l'agriculteur, car, outre que l'industrie manufacturière détermine la valeur intrinsèque des matières premières, elle étend encore le domaine des arts, de la chimie et de la mécanique.

La terre n'occupe qu'un certain temps de l'année ; les jours qui suivent les semailles et ceux qui précèdent les moissons sont des jours d'oisiveté, et la monotonie de ce travail engendre encore un esprit d'habitude héréditaire, qui a toujours été et sera toujours, dans tous les pays, le plus grand obstacle à l'introduction des améliorations. A Dieu ne plaise que j'entende par là dénigrer l'agriculture, qui est l'origine de toute propriété ; mais depuis les progrès qu'ont faits la civilisation et la multiplicité de nos besoins, qui en furent la conséquence, l'agriculture ne peut plus désormais marcher isolément ; il faut qu'elle soit aidée, éclairée et fécondée par la présence et le concours de toutes les autres branches d'industrie: aussi dois-je conclure que le pays qui ne formerait de l'agriculture que sa seule ressource, finirait bientôt par tomber dans le découragement et la nullité.

Au surplus, voici ce qu'écrivait le célèbre abbé *Galiani*, auteur, économiste napolitain, sur les peuples agricoles, dans ses dialogues sur le commerce des blés.

« Les peuples agricoles ne connaissent pas le
« prix des ouvrages des arts qui leur sont incon-
« nus; tout leur paraît merveilleux, précieux; ils
« payent les manufactures étrangères à un prix
« exorbitant. L'argent, sans mouvement, est res-
« serré ou dans des mains mortes, ou dans les
« mains des seigneurs, ou dans celles d'un petit
« nombre de commerçants; ceux-ci sont haïs et
« méprisés, mais ils prêtent l'argent à gros inté-
« rêts, et cela les console. Vous les verrez toujours
« étrangers, Juifs, Arméniens, Grecs, hérétiques,
« etc. : ils forment une société et une nation à part,
« objet de haine pour le peuple; ce sont des sang-
« sues dont on ne tire le sang qu'en les hachant
« par morceaux.

« Les manufactures, l'industrie, et toute espèce
« de gain, petit et certain, inconnue au peuple
« agricole, est, pour lui, regardée comme ignoble.

« Dépourvu d'argent, il cultive mal, vend avec
« précipitation, et ne retire pas d'une heureuse
« récolte le profit qu'il en pourrait tirer. On voit
« chez ces peuples des entreprises d'édifices très-
« vastes, rarement achevés, et tout à côté des ob-
« jets de misère : rien de soigné, rien d'aligné,
« point d'ordre : les bâtiments de luxe y sont pré-
« férés aux plus utiles.

« Enfin, pour achever le tableau, un peuple
« purement agricole est le plus malheureux des
« peuples; livré à la servitude, à la superstition et
« à l'indigence, il cultive d'autant plus mal que la
« culture est sa seule occupation, et il souffre
« d'autant plus les horreurs de la disette, qu'il n'a
« que des productions de la terre pour tout bien.
« Tels sont la Turquie, le Portugal, l'Espagne, et
« bien d'autres pays de l'Europe qu'il n'est pas né-
« cessaire de nommer. »

CONCLUSION.

L'Angleterre sentit finalement qu'elle avait des adversaires à combattre. Cependant, en possession de toutes les sources d'où elle tire les matières premières qu'elle élabore, elle pouvait opposer, comme elle oppose encore, une résistance valide à ses rivaux, ayant surtout pour consommateurs les peuples nombreux des vastes contrées de l'Asie, placées sous sa domination, comme les peuples nouveaux de l'Amérique méridionale, dont l'industrie est encore dans l'enfance. Tant il est vrai que la prospérité de l'Angleterre est assise sur l'état semi-barbare des autres nations. Mais comme il n'est aucun peuple qui puisse rester réellement stationnaire, comme tout marche dans le monde commercial, agricole et manufacturier, cette prospérité ne peut être que relative et temporaire. Déjà les crises commerciales auxquelles l'Angleterre est en butte depuis quelque temps, crises qui se répètent trop souvent, prouvent un principe de dissolution. L'Angleterre recourt aux machines qui, en subrogeant les bras de l'homme, lui permettent encore de braver l'orage; mais cette ingénieuse substitution, qui peut être mise également en pratique par ses compétiteurs, puisqu'il ne s'agit ici que de l'œuvre de l'homme et non de celle de la nature, ne se présente à nos yeux que comme un palliatif dont le résultat est de retarder une catastrophe.

Je ne disconviens pas, cependant, qu'avant d'arriver là, l'Angleterre n'ait encore des ressources à exploiter; mais il est ici question de déraciner de vieilles habitudes, et, ce qui est pire encore, d'abolir des priviléges qui n'admettent point de transaction; du moins qu'on me signale un seul pays où l'aristocratie ait su transiger. Elle ne cède pas, même à la hache; comme l'hydre de Lerne, elle se reproduit partout et sous toutes les formes.

L'aristocratie figure en Angleterre comme une tour gothique au sein d'une jeune cité, comme une herbe parasite dont les ramifications usurpent et dévorent les sucs nourriciers destinés à la noble plante qu'elles enlacent et étouffent de leurs étreintes meurtrières.

Lorsque Huskisson entreprit, il y a quelques années, de modifier le système commercial de l'Angleterre, ce ministre habile avait compris et apprécié toute la portée de l'émancipation industrielle du continent : il avait pu évaluer l'urgence d'une pareille modification, il l'avait même envisagée comme l'unique moyen de salut de l'Angleterre. En effet, il était temps d'opposer une conduite plus libérale aux prohibitions ou aux restrictions adoptées par les nations continentales, chez lesquelles elles avaient eu les mêmes résultats qu'en Angleterre, car ce sont les Anglais qui en furent les inventeurs.

Huskisson vit bien que tout progrès, toute amélioration sur le continent était un coup porté à la puissance factice de son pays, de la même manière que la prospérité de celui-ci était le thermomètre de la misère des autres. Ce ministre ne prêchait et n'agissait donc qu'en faveur des intérêts seuls de sa patrie. En préconisant une liberté de commerce que, malgré la priorité industrielle de l'Angleterre, il ne pouvait point adopter lui-même strictement, il appelait, par cette insidieuse innovation, les autres peuples à des transactions onéreuses; car, outre l'inégalité des forces et des positions, je ne puis assez le répéter, tout ce qui peut être profitable à l'Angleterre, ne peut être obtenu par celle-ci qu'aux dépens des autres nations.

« Timeo Danaos et dona ferentes. »

Dès ce moment, cependant, quelques économistes superficiels, éblouis, fascinés, ne virent dans cette révolution du système commercial de l'Angleterre, qu'une nouvelle ère de prospérité, là où il n'y avait réellement que la manifestation

3

de la détresse de l'industrie anglaise; conséquence immédiate et inévitable des progrès que cette même industrie avait faits chez les autres peuples du continent, par l'effet des tarifs protecteurs qu'ils avaient mis en pratique, tarifs auxquels l'Angleterre voulait qu'ils renonçassent, pour reprendre, vis-à-vis d'eux, sa position première. Mais ces peuples, éclairés par l'expérience et par leurs véritables intérêts, loin de céder aux insinuations de l'Angleterre, et de se laisser séduire par les théories fantastiques des économistes, ne purent et ne durent que persévérer dans la marche adoptée.

C'est ainsi qu'on vit dernièrement échouer la mission de M. Bouring, dont le but était d'amener la France à une transaction commerciale avec l'Angleterre, mission qui fut suivie heureusement d'une enquête industrielle au moment même où le projet de loi sur les douanes allait être discuté. Cette enquête, qui a jeté une si vive lumière sur la situation de l'industrie en France, comparée à celle de ses voisins, a été pour elle et pour tous les États du continent, une véritable école d'économie politique pratique. La France a pu ouvrir les yeux sur la situation réelle de ses intérêts qui étaient menacés par les propositions insidieuses de ses devanciers plutôt que de ses compétiteurs; et le ministre du commerce, M. Duchâtel, auquel on ne pouvait reprocher d'être partisan du système restrictif, eut tout lieu de se convaincre lui-même, par les preuves résultant des faits, de la nécessité de conserver à plus d'une branche de l'industrie française, la protection dont elle avait joui jusqu'alors.

On vit, à l'occasion de cette enquête, se réveiller les anciennes exigences du Midi : Bordeaux en faveur de ses vins, et le Languedoc en faveur de ses spiritueux. Ces pays prétendaient que si le commerce français se montrait plus libéral envers l'Angleterre, à l'admission en France des produits anglais, l'Angleterre offrirait en retour une réciprocité pour les vins et les spiritueux de France, comme si la prospérité de cette dernière consistait essentiellement dans les spiritueux du Languedoc et les vins du Bordelais.

Ces produits, d'ailleurs, trouvent aujourd'hui un débouché en France même bien plus important qu'autrefois, débouché provenant d'une richesse industrielle qu'elle n'avait jamais connue auparavant. Mais l'homme ne sachant mettre aucun frein à ses désirs, s'aveugle tellement dans ses prétentions, qu'il arrive souvent à vouloir des effets sans cause. N'est-ce pas au système protecteur adopté par la France que celle-ci est redevable, ainsi que nous l'avons déjà démontré, des progrès immenses que son industrie manufacturière a faits, notam-

3.

ment dans les provinces du Nord qu'elle a enrichies et peuplées de consommateurs plus nombreux et en même temps plus facultueux?

Ce système protecteur tend à accroître et à centraliser la prospérité de la France, et à ne former de ses habitants qu'une seule et même famille dont la base et le soutien est l'intérêt d'un seul lié avec les intérêts de tous. Les produits du Nord se consommeront dans le Midi, comme ceux du Midi se consommeront dans le Nord, et cela sans rien perdre de leurs débouchés à l'extérieur. Voilà l'heureux effet de la libre concurrence, mais de la concurrence locale, et non point de celle de nation à nation qu'on a voulu toujours confondre avec la première.

Qu'importe aux propriétaires vignicoles français que leurs vins se consomment en France ou en Angleterre, si ces vins trouvent des consommateurs dans leur propre pays.

Au surplus, les plaintes de ces producteurs sont aussi injustes qu'exagérées, puisque, sous la marche administrative qui forme l'objet de leurs doléances, il est reconnu que la culture de la vigne s'est quintuplée en France.

On a objecté que si la France persiste dans son système de répulsion, l'Angleterre recourra de préférence aux vins et aux spiritueux de l'Espagne, du Portugal et de l'Italie; mais n'avons-nous pas vu que ces pays se sont rendus également hostiles à l'industrie anglaise? Depuis qu'ils ont pu mesurer l'étendue de leurs forces industrielles, n'ont-ils pas opéré dans le même sens que la France? Ils ont peut-être même agi avec encore plus de ténacité. Il suit de là que si l'Angleterre s'obstine à agir par voie de représailles, elle finira par être condamnée à ne boire que de la bierre et de l'eau, tandis que les peuples du continent, non-seulement consommeront leurs propres vins à des prix avantageux aux producteurs, mais iront en outre vêtus de riches étoffes nationales, car on fabriquera toujours une étoffe de coton, de laine et de soie sur le continent, au lieu qu'on ne fera jamais naître un mûrier ou un cep de vigne en Angleterre. (1)

---

(1) Les Anglais opposeront leur houille et leur fer qui sont à l'industrie ce que le pain est à la nourriture de l'homme. Eh bien, que les peuples du continent, quoique le fer et le charbon de terre abondent également chez eux, soient plus libéraux dans leurs rapports commerciaux avec l'Angleterre, mais pour ces deux produits, seulement, qui ne peuvent être inépuisables. En privant les Anglais de ces puissants moteurs de leur industrie, dont l'exportation ne saurait les enrichir, ou, pour mieux dire, en en maintenant le prix élevé par l'effet des demandes des peuples précités, les Anglais fourniront eux-mêmes à ceux-ci une arme pour les combattre.

On objectera que les frais de transport, sur des objets de

On pourrait croire, d'après tout ce que je viens d'exposer, que je suis partisan du système prohibitif; mais il n'en est rien. Les prohibitions absolues, lorsque les nations vivent en paix les unes avec les autres, ne profitent ni au fisc ni aux fabricants qu'elles sembleraient devoir protéger. Je crois que toute l'économie administrative consiste, d'un côté, à dégrever de droits, autant que possible, tout ce qu'un pays quelconque ne peut absolument pas créer dans son propre sein, et que l'étranger est en possession de lui fournir; et de l'autre, de couvrir d'une taxe protectrice tout ce qu'il peut produire et fabriquer lui-même; jusqu'à ce qu'enfin, arrivé au point de pouvoir

---

peu de valeur, en augmentent considérablement le prix, et que, par cela même, l'avantage sera toujours du côté des Anglais. Cette raison serait péremptoire si l'Angleterre possédait le privilége exclusif de produire du fer et de la houille; mais la dépendance dans laquelle se trouve le continent à son égard pour ces articles, n'étant que relative, celui-ci ne recourra aux fers et aux houilles anglais que par convenance et non par nécessité absolue : au surplus, qui voudrait contester la suprématie de l'Angleterre sous le rapport de certains produits? Chaque nation a ses prérogatives particulières; mais rien ne peut forcer les peuples à abandonner à un seul d'entre eux des droits que la Providence a entendu répartir également entre tous.

lutter sans crainte contre ses rivaux, la concurrence s'établissant de fait, le tarif devienne en quelque sorte illusoire; du moins c'est alors le moment de le réduire ou de le modifier, de manière à ce que la présence des produits étrangers dans le pays, bien loin de nuire aux fabriques nationales, devienne au contraire pour elles un stimulant nécessaire et une heureuse émulation. Telle serait aujourd'hui la position de l'Angleterre à l'égard des autres nations du continent, mais ce n'est pas, à beaucoup près, la position de celles-ci à l'égard de la première.

Je ne vois pas pourquoi les pays producteurs de la soie, de la laine, du coton, du chanvre et du lin, ne mettraient pas eux-mêmes ces matières en œuvre. Je ne saurais non plus pourquoi ces matières devraient faire le voyage de l'Angleterre ou de tout autre pays, pour s'y transformer en étoffes qui reviendraient se vendre dans les lieux d'origine, surchargées de frais d'allée et de retour et enrichies d'une main-d'œuvre qui souvent en décuple la valeur primitive. C'est ainsi qu'autrefois un cantare de laine qui ne valait à Naples que 60 ducats, y retournait converti en une quantité équivalente de drap de la valeur de 500 ducats; qu'un cantare de coton qui coûtait à Naples 40 ducats, y retournait sous la forme de cambricks ou d'autres articles en blanc et imprimés, de la valeur de 2 à 300 ducats; enfin qu'une livre de soie de la valeur, à Naples, de 4 ducats, y revenait convertie en une quantité équivalente de satin, de velours, de gros de Naples, de la valeur de 10 à 12 ducats.

Je ne sais où il est écrit que l'Angleterre, ou d'autres pays qui se trouvent placés à peu près dans la même catégorie, doivent devenir eux seuls les grands manufacturiers du monde, et s'emparer de tous les avantages résultant des progrès incessants de la civilisation dont l'action étend et accroît, sous mille formes diverses, les exigences de la consommation. Si cela devait être ainsi, l'équilibre se trouverait rompu. A moins que les hommes ne retournassent dans l'état primitif, car ce ne serait qu'à cette seule condition que nous pourrions réaliser la grande utopie d'une liberté de commerce absolue, et alors il n'y aurait point de commerce, car l'idée même de commerce entraîne celle de l'existence d'une société; à moins, disais-je, que les hommes ne retournassent dans l'état primitif, il est constant qu'ils ne renonceront jamais aux droits qui leur sont acquis par la nature même de leur position, droits sacrés, imprescriptibles, et inhérents au lien de famille dont l'emploi sage et éclairé est l'unique garantie de leur prospérité.

Si l'indolence des autres peuples eût réellement

octroyé à l'Angleterre l'empire absolu de l'industrie et du commerce, si ces peuples se fussent condamnés à être ses serviles tributaires, celle-ci, en absorbant toutes les richesses du monde, eût fini par ne plus voir que des ruines autour d'elle, ruines sur lesquelles elle eût fini à son tour par s'écrouler, faute de matériaux pour soutenir son propre édifice. On eût vu se produire la plus monstrueuse des anomalies, c'est-à-dire qu'on eût vu, d'une part, un pays disgracié de la nature regorger de population, sur un territoire circonscrit surgir des villes renfermant plus d'un million d'habitants, tandis que, de l'autre, on eût vu des contrées privilégiées, n'ayant en partage que les matières premières, nous offrir le tableau désolant de la misère et de la dépopulation.

Tel était l'acheminement des choses il y a cinquante ans; mais comme tout tend à se niveler dans le monde physique, une grande crise réparatrice se préparait.

La révolution de France, individualisée dans Napoléon, en donnant aux peuples du continent une touche électrique, les jeta dans la voie génératrice du travail. Il ne fallait rien moins que le bras de fer et la volonté forte et inébranlable du grand homme pour arracher ces peuples à l'avilissement dans lequel ils étaient plongés, pour retremper leur moral corrompu ou dégénéré par l'apathie, les préjugés et l'habitude, qui sont les ennemis déclarés de toute innovation.

Il fallait enfin l'appui du génie de celui qui avait grandi en raison directe de l'opiniâtreté et de l'aveugle résistance de ses adversaires, qui ne virent pas que l'opposition ajoutait aux forces du héros qu'ils n'eussent jamais dû abattre Une conduite pacifique, suivie dès le principe par l'Angleterre, en rendant le blocus continental sans but comme sans effet, eût retardé indéfiniment l'émancipation industrielle des peuples du continent; mais pendant que Napoléon se déclarait le soutien des intérêts de ceux-ci, Pitt, de triste et malheureuse mémoire, se déclarait le champion d'une aristocratie dont la base n'est que le privilége au détriment des classes laborieuses de la société.

Captif sur le rocher de Sainte-Hélène, qui ne renfermait plus qu'un homme usé, ou qui avait fourni sa carrière, Napoléon a pu contempler encore avec joie l'application et le développement prodigieux du système attentatoire aux intérêts de l'Angleterre, système qu'il avait légué à l'Europe comme pour le venger. Ce n'était donc pas la cause, mais les effets qu'il eût fallu anéantir. Castelreagh, continuateur de Pitt, bien plus coupable et moins habile que ce dernier, puisqu'il ne sut pas profiter de l'expérience et des erreurs de son prédécesseur, n'écouta que la voix de la haine qui présida à un acte qui a souillé son nom et condamné sa mémoire à une honteuse immortalité !

www.ingramcontent.com/pod-product-compliance
Lightning Source LLC
Chambersburg PA
CBHW060513050426
42451CB00009B/960